HENRI IV

Le roi de la tolérance et de l'édit de Nantes

Par Marie Fauré
Sous la direction d'Aurélie Le Floch

50MINUTES.fr

HENRI IV. LE ROI DE LA TOLÉRANCE ET DE L'ÉDIT DE NANTES

PREMIER ROI BOURBON ET FONDATEUR DE LA MONARCHIE ABSOLUE

- **Naissance ?** le 14 décembre 1553 à Pau (Nouvelle-Aquitaine, France)
- **Mort ?** le 14 mai 1610 à Paris
- **Faits marquants ?**
  - Avènement de la dynastie des Bourbons
  - Pacification extérieure du royaume
  - Fin des guerres de Religion
  - Réorganisation de l'État
  - Mise en place de la monarchie absolue

Henri IV est l'un des rois les plus populaires de l'histoire de France. S'il a su garder une place à part dans le cœur des Français, c'est que son image diffère de celle de ses prédécesseurs et de ses successeurs. Roi à l'approche bienveillante et proche de son peuple, il est celui qui, par une politique rationnelle, a su ramener la concorde et la paix dans le royaume. Prince protestant et roi de Navarre, il devient roi de France en 1589 contre la volonté du clan catholique.

Par un savant mélange de fermeté et de dialogue, il parvient petit à petit à imposer son autorité aux Grands du royaume et à remporter l'adhésion du peuple. Grâce à l'édit de Nantes (1598), il met un terme aux affrontements fratricides que connaît le pays depuis près de 35 ans et instaure un climat

de paix avec les voisins européens, favorisant ainsi le déve-
loppement économique du royaume. Grand réformateur de
l'État, roi de Raison, il met sur pied un système fiscal efficace
et moderne, et s'attache à la centralisation de l'administration monarchique. L'habile propagande qui accompagne ces
transformations en fait le premier roi absolu. Il est également le père de la dynastie des Bourbons.

BIOGRAPHIE

Portrait en buste d'Henri IV portant en écharpe la bannière blanche et la croix de l'Ordre du Saint-Esprit, 1622.

UN JEUNE BÉARNAIS DANS LES TOURMENTS DE SON TEMPS (1553-1572)

Henri naît le 14 décembre 1553 à Pau, d'Antoine de Bourbon (1518-1565), prince de sang royal, et Jeanne d'Albret (1528-1572), reine de Navarre. Dès ses 4 ans, le jeune garçon est nommé régent et lieutenant général du Béarn (au nord-ouest des Pyrénées), où il grandit dans la culture protestante. Enjeu politique, Catherine de Médicis (reine de France, 1519-1589) s'empresse de le faire venir à la cour de France (car il est un prince d'une province encore insoumise au royaume de France, destiné à devenir le chef du clan protestant de surcroît), où il est élevé aux côtés du futur Henri III (roi de France, 1551-1589) et du jeune duc de Guise (Henri Ier, prince de sang, 1550-1588).

La reine mère espère ainsi s'en faire un allié indéfectible. Toutefois, en 1568, Jeanne d'Albret parvient à ramener son fils en Navarre. Un an plus tard, il devient officiellement commandant des armées calvinistes.

HENRI, ROI DE NAVARRE ET CHEF DU CLAN HUGUENOT (1572-1584)

Le 18 août 1572, alors qu'Henri s'apprête à célébrer ses noces avec Marguerite de Valois (reine de France, 1553-1615) en application de l'édit de Saint-Germain-en-Laye de 1570 mettant fin à la troisième guerre de religion entre protestants et catholiques (voir le Contexte), sa mère s'éteint. Il devient alors le nouveau roi de Navarre et échappe de peu au massacre de la Saint-Barthélemy en se convertissant au catholicisme, conversion sur laquelle il reviendra quatre ans plus tard.

De retour dans la foi protestante, et considérant que les armées huguenotes (protestantes calvinistes) ne parviendront pas à défaire l'ennemi catholique, Henri prône une politique de dialogue préservant l'unité du royaume, à laquelle le parti huguenot se range en 1581 (alors qu'auparavant, la majorité des huguenots voulaient se battre sans relâche pour mettre la main sur le royaume de France).

Marguerite de Valois, 1572.

L'HÉRITIER CONTESTÉ DE LA COURONNE DE FRANCE (1584-1594)

Le 11 juin 1584, François d'Alençon (1555-1584), frère cadet du roi Henri III, meurt. Le nouvel héritier dans l'ordre de succession n'est autre qu'Henri de Navarre. Le clan catholique, refusant qu'un protestant n'accède un jour au trône, fait pression sur Henri III. Celui-ci promulgue, en juillet 1588, un édit précisant que la Couronne de France ne peut être détenue que par un prince catholique.

Suite à l'assassinat d'Henri III en août 1589, Henri de Navarre devient cependant Henri IV et défait le clan catholique à Arques (le 21 septembre 1589) puis à Ivry (le 14 mars 1590). L'édit de juillet 1588 n'est pas respecté pour deux raisons :

- ce dernier a été promulgué sous la menace et n'était pas le souhait réel d'Henri III ;
- Henri était l'héritier légitime du royaume et la majorité des penseurs politiques (hors Ligue catholique) estime qu'il est dans l'ordre naturel des choses que ce soit le Navarrais qui monte sur le trône.

Henri IV décide pourtant de faire un pas vers l'apaisement en se convertissant au catholicisme le 23 juillet 1593, en la basilique de Saint-Denis, sur les conseils de ses amis protestants qui y voient l'unique moyen de débloquer la situation.

« Paris vaut bien une messe ! »

La légende veut qu'Henri IV ait prononcé cette phrase lors de sa conversion à Saint-Denis. Néanmoins, certains l'attribueraient plutôt à son ami et conseiller le duc de Sully (Maximilien de Béthune, 1559-1641), d'autres pensent qu'elle n'a même jamais été prononcée. Cette expression, entrée dans le langage courant, désigne désormais le fait de consentir à un sacrifice pour obtenir quelque chose.

Le roi devenu catholique et sacré à Chartres le 24 février 1594, Paris lui ouvre ses portes et la plupart des grands seigneurs se rallient à lui, « n'estimant plus qu'il y aye cause légitime et vallable pour luy faire la guerre » (Cornette (Joël), *L'affirmation de l'État absolu, 1515-1652*, Paris, Hachette, 2000, p. 134) selon Louis de L'Hospital (gentilhomme français, v. 1555-1611).

LA PACIFICATION DU ROYAUME (1594-1598)

Henri IV poursuit son chemin vers la paix, multipliant les négociations avec les chefs ligueurs. Ces Grands du royaume, menés par le duc de Guise, se posent en ardents défenseurs du catholicisme comme unique religion et sont prêts à tout pour éliminer le protestantisme. Parallèlement, Henri IV déclare la guerre à l'Espagne de Philippe II (1527-1598), pays qui défend ardemment le catholicisme et multiplie à ce titre les ingérences sur le territoire français, afin d'y combattre la présence huguenote (voir <u>Contexte</u>). Enfin, le roi entame des discussions entre les deux confessions en vue de restaurer l'unité du royaume.

L'année 1598 est une année clé pour la monarchie henricienne. En l'espace de trois jours, du 30 avril au 2 mai, l'édit de Nantes vient mettre un terme aux guerres de Religion, tandis que la paix de Vervins (2 mai 1598) fait plier l'ennemi espagnol avec l'instauration d'une trêve sans précédent de 12 ans.

LA RÉORGANISATION DE L'ÉTAT (1599-1610)

La paix rétablie, Henri IV s'attache à redresser le royaume et à rétablir l'autorité royale, en s'appuyant sur son fidèle conseiller Sully, dont le plus grand défi est l'assainissement des finances de l'État. Par de multiples mesures incitatrices, principalement fiscales, le roi permet un nouvel essor de l'agriculture et du commerce, ainsi que la création d'industries, principalement dans le domaine des soieries. Ainsi, dans un premier temps, Henri IV interdit la saisie du matériel de labour et suspend les arriérés d'impôts ; il pousse également, par des allègements d'impôts, au défrichement et à l'assèchement des marais. Le but est d'inciter à gagner de nouvelles terres de culture.

De même dans l'industrie, il pousse à la création d'ateliers, notamment de luxe, avec une hausse des salaires pour attirer les ouvriers spécialistes étrangers et ainsi développer un savoir-faire « à la française ».

En politique extérieure, Henri IV marque une rupture avec ses prédécesseurs, développant les échanges avec les puissances protestantes que sont les Provinces-Unies et l'Angleterre. En 1610, la trêve avec l'Espagne arrivant à échéance, il se prépare à entrer en guerre contre les Habsbourg (famille royale d'Europe).

Si Henri IV épouse Marie de Médicis (reine de France, 1578-1642) le 16 décembre 1600 (sa précédente épouse étant stérile), c'est avant tout pour sa dot astronomique. Réputé « homme à femmes », Henri entendait à l'origine mettre sur le trône Gabrielle d'Estrées (1571-1599), sa maîtresse depuis 1591. Mais la mort de celle-ci, le 10 avril 1599, réduit à néant ses projets.

L'ASSASSINAT D'HENRI IV (14 MAI 1610)

Henri IV est assassiné par Ravaillac (1578-1610) le 14 mai 1610, rue de la Ferronnerie à Paris. Le choc est grand dans le royaume, à tel point que le spectre de la violence et de la guerre refait surface. On accuse les Espagnols, les Jésuites (catholiques militants proches de l'Espagne) et Marie de Médicis d'avoir organisé l'attentat.

Portrait de Ravaillac gravé par Crispin de Passe, vers 1610.

Dès les premières heures suivant ce régicide, afin d'éviter les émeutes, le pouvoir défère le coupable devant le Parlement. Ravaillac, interrogé et soumis à la question pendant dix jours, affirme avoir agi seul. Le 27 mai, il est écartelé en place de Grève, dans un déchaînement de violence populaire.

CONTEXTE

L'ENCERCLEMENT DE LA FRANCE PAR LES HABSBOURG

À partir du début du XVIe siècle, l'encerclement des Habsbourg conditionne de manière décisive la politique étrangère du royaume de France pour plusieurs siècles.

Charles Quint et la constitution de l'empire Habsbourg

En tant que fils de Philippe de Habsbourg (prince européen, 1478-1506) et de Jeanne la Folle (reine d'Espagne, 1479-1555), elle-même fille d'Isabelle de Castille (reine de Castille, 1451-1504) et de Ferdinand d'Aragon (roi d'Aragon, 1452-1516), Charles Quint (1500-1558) reçoit par héritage la moitié de l'Europe. La famille Habsbourg devient alors maîtresse de l'Espagne et de nombreux autres territoires : la Sardaigne, la Sicile, Naples, les Pays-Bas, la Flandre, l'Artois, l'Alsace, la Franche-Comté, l'Autriche et les États allemands. Le royaume de France se trouve ainsi pris en étau au milieu des possessions de la famille la plus puissante d'Europe.

François Ier (roi de France, 1494-1547) et Henri II (roi de France, 1519-1559) tentent de desserrer les mâchoires de l'ordre Habsbourg à plusieurs reprises, sans résultat.

Philippe II, le défenseur du catholicisme

Philippe II (1527-1598), fils de Charles Quint, mène une politique centrée avant tout sur ses possessions espagnoles et se pose en champion du catholicisme. Il participe à la victoire de Lépante sur les Turcs en 1571 et s'attache à combattre le protestantisme en Europe. En 1559, Henri II de Valois lui donne pour épouse sa fille Élisabeth (reine d'Espagne, 1545-1568), espérant ancrer le royaume de France dans le clan catholique et se faire un allié du voisin espagnol dans sa lutte contre les huguenots. Dès lors, les actes d'ingérence de Philippe II en France se multiplient. On le soupçonne notamment d'avoir été à l'origine du massacre de la Saint-Barthélemy.

Le lien entre l'Espagne et les ultras catholiques français se resserre avec le traité de Joinville et les appels des ligueurs à soutenir leurs positions, justifiant l'entrée des armées de Philippe II sur le territoire. Pour Henri IV, le danger de voir pénétrer les forces ennemies aussi bien par le sud que par le nord-est est trop grand. Il déclare la guerre à l'Espagne en 1595. Si la paix de Vervins ôte à Philippe II toute légitimité d'intervention sur le sol français, l'encerclement Habsbourg reste une réalité à ne pas négliger.

LES GUERRES DE RELIGION

La Réforme calviniste apparaît en France dans les années 1540, séduisant principalement les grands seigneurs et les milieux alphabétisés du Midi de la France. On compte près de 670 églises protestantes dans le royaume au début des guerres de Religion.

Huit guerres de Religion se déroulent dans le royaume de France entre 1562 et 1598 : ce sont des guerres civiles entre catholiques et protestants, chacune suivie d'un édit de pacification. Le massacre de plusieurs dizaines de protestants par les hommes du second duc de Guise (François de Guise, prince de sang, 1519-1550), le 1er mars 1562, lance les hostilités. Le premier édit de pacification, dit « édit d'Amboise », proclamé un an plus tard, instaure la liberté de conscience et autorise la pratique du culte protestant selon certaines restrictions.

L'édit de Saint-Germain-en-Laye de 1570, clôturant la deuxième guerre de Religion, offre quatre villes de sûreté aux protestants et prévoit le mariage de Marguerite de Valois, sœur du roi, avec Henri de Navarre, chef du parti huguenot, en signe de réconciliation.

Ce mariage est l'occasion d'un massacre resté tristement célèbre dans l'histoire de France, celui de la Saint-Barthélemy. Désormais, la rupture entre le clan protestant et la monarchie valoise est consommée. Ainsi se multiplient les théories de légitimation du tyrannicide, qui précisent qu'il est légitime d'assassiner le roi si celui-ci se comporte en tyran et va à l'encontre des intérêts du royaume et du peuple.

Les guerres et les édits se succèdent, accentuant les concessions faites aux huguenots malgré le grand désarroi des catholiques, qui atteint son paroxysme lorsqu'Henri de Navarre devient l'héritier de la Couronne en 1584. Le duc de Guise, l'Espagne et certains princes français signent alors le traité de Joinville (1584), donnant naissance à la Ligue catholique. Celle-ci entend lutter contre la possible accession au trône d'un protestant, au nom du principe « tel roi, telle religion », selon lequel le royaume entier devrait adopter la religion du roi. C'est en ce sens qu'en 1584, la Ligue reprend à son contact les théories de légitimation du tyrannicide.

Le 13 mai 1588, Henri III doit fuir la capitale : devenue ligueuse, elle entre dans un régime de terreur, à l'instar de nombreuses villes du royaume. Furieux, le roi fait assassiner le duc de Guise et son frère cardinal (Louis II de Lorraine, 1555-1588), à Blois (Loir-et-Cher), le 23 décembre 1588. Quelques mois plus tard, le 2 août 1589, il est à son tour assassiné par Jacques Clément (v. 1567-1589), un moine dominicain acquis à la cause divine du tyrannicide.

UN PAYS AU BORD DE LA RUPTURE ÉCONOMIQUE ET POLITIQUE

Une crise de régime

La mort accidentelle d'Henri II, le 10 juillet 1559, marque le début d'une grave période d'instabilité pour la monarchie française, qui voit se succéder minorités des jeunes rois, régences, rois faibles et malades ne parvenant pas à donner d'héritier au royaume. Les grands seigneurs, qu'ils soient protestants ou catholiques, entendent profiter de cette situation pour imposer leur pouvoir au sommet de l'État. L'autorité du monarque vacille. Cette faiblesse politique est accompagnée d'une désacralisation du pouvoir monarchique, conséquence du massacre de la Saint-Barthélemy dont Charles IX endosse publiquement la responsabilité, alors qu'il avait assuré les princes protestants de sa protection quelques jours auparavant.

L'affaiblissement du pouvoir royal est également l'occasion pour les pouvoirs locaux de revendiquer une part d'autonomie mise à mal par les politiques centralisatrices de François Ier et d'Henri II. Les États de Bourgogne refusent ainsi, en 1578, de voter les secours financiers demandés par le roi dans le cadre de la guerre contre les protestants.

Une conjoncture défavorable

Parallèlement à l'instabilité politique, la conjoncture économique se dégrade. Si, après les crises des XIVe et XVe siècles, la première moitié du XVIe siècle coïncide avec une reprise économique et démographique, cette embellie prend fin à partir des années 1560. En effet, on assiste à la fois au retour de la guerre et à l'accentuation du phénomène climatique appelé « petit âge glaciaire ». Les terres sont dévastées et les récoltes moins abondantes, en raison des conditions climatiques et des destructions dues aux affrontements, tandis que l'insécurité augmente. De graves crises de subsistance surviennent, auxquelles il faut ajouter de nouvelles poussées de peste. La population se paupérise et la tension monte.

Les années 1590-1620 bénéficient d'un retournement temporaire de la conjoncture. Les récoltes s'améliorent, les crises de subsistance et la peste disparaissent, entraînant un regain démographique et une renaissance du commerce. Cette période est connue sous le nom de « conjoncture de la poule au pot », en référence au plat favori du roi. Si le règne d'Henri IV bénéficie incontestablement de cet optimum, il y contribue également par l'instauration de la paix et les politiques mises en place.

TEMPS FORTS

L'ÉDIT DE NANTES (30 AVRIL 1598)

L'édit de Nantes est le fruit de longues négociations entre représentants catholiques et protestants. À partir de 1595, les rencontres entre les deux parties se multiplient. Le point principal de désaccord se cristallise autour de la liberté totale de culte demandée par les protestants. Face au refus d'Henri IV, plusieurs princes calvinistes quittent l'armée avec leurs troupes, alors que le roi est aux prises avec les Espagnols.

L'émissaire protestant Gaspard de Schomberg (homme d'État, 1540-1599) décide de débloquer la situation en proposant l'octroi de l'égalité civile, de tribunaux mixtes, de places de sûreté aux protestants ainsi que des subventions aux pasteurs réformés. Les négociations reprennent en février 1598. Le roi, alors en position de force, parvient à trouver un accord. L'édit est signé le 30 avril à Nantes. À cette période, on compte environ 1,2 million de protestants en France, soit 5 % de la population totale.

Cet édit, perpétuel et irrévocable, se compose de 95 articles, 56 articles particuliers et deux brevets secrets. Il propose un compromis entre l'affirmation de la liberté de conscience et la primauté du catholicisme, alors que les brevets secrets donnent aux protestants 200 places de sûreté pour huit ans.

Lors de sa publication, l'édit de Nantes suscite peu de réactions. En effet, il s'agit déjà du huitième édit de pacification depuis 1562, alors que la signature de la paix avec les Espagnols est, pour les contemporains, un événement inédit et beaucoup plus important. Pour autant, ce texte est différent des autres, et ce pour trois raisons. La première réside dans le fait qu'il est beaucoup plus détaillé et approfondi, dans ses mesures, que les précédents. Il arrive également à un moment de paix intérieure et extérieure, avec une monarchie forte et respectée. Enfin, la grande réussite d'Henri IV est d'avoir su proclamer l'amnistie générale. Il faut attendre août 1600 pour que l'ensemble des parlements enregistre le texte – à l'exception de celui de Rouen, ville ligueuse, qui ne s'y résout que le 5 août 1609.

Par cet édit, le roi impose l'autorité de l'État comme supérieure aux particularismes et garante de l'intérêt général de ses sujets. Fait nouveau dans une société pétrie de religiosité, une distinction est opérée entre la sphère publique et la sphère privée, dont relève la religion.

RATIONALISATION DE L'ÉTAT ET MISE AU PAS DES GRANDS DU ROYAUME

L'État monarchique souffre, à l'arrivée d'Henri IV, d'un grave manque d'organisation. En effet, il s'est constitué au fur et à mesure des ajouts réglementaires des différents rois, selon les besoins du temps et sans réel plan d'ensemble. Cet agrégat de lois et de coutumes entraîne la multiplication des intermédiaires et une mauvaise gestion financière. De plus, les guerres de Religion causent une sorte d'anarchie dans laquelle le pouvoir royal ne parvient pas à se faire entendre face aux prétentions locales et princières.

Une fois la paix rétablie, Henri IV travaille donc à rationaliser la gestion de l'État, reprenant le travail de ses prédécesseurs François Ier et Henri II. Il bénéficie pour cela de quatre atouts indéniables.

- Son premier avantage est sa popularité grandissante auprès du peuple.
- Le deuxième atout du Navarrais est son habileté dans l'approche de chaque sensibilité. En effet, en mêlant centralisation et préservation des privilèges, il parvient à faire plier les municipalités ligueuses et les princes.
- Favorisant les hommes de robe, juristes et administrateurs, au détriment de la noblesse d'épée, il joue dans le même temps la carte de la continuité en conservant dès qu'il le peut les secrétaires d'État d'Henri III, comme Nicolas IV de Neufville de Villeroy (ministre d'État, 1542-1617), ancien ligueur, qui reprend du service aux Affaires Étrangères dès 1594. Cette stabilité ministérielle représente le troisième atout d'Henri IV et l'une des clés de sa réussite. En 20 ans de règne, seuls deux ministres connaissent la disgrâce : le chef de l'administration financière Nicolas de Harlay de Sancy (1546-1629) en 1598, et le chancelier Pomponne de Bellièvre (1529-1607) en 1605 – le premier pour s'être opposé à Gabrielle d'Estrées, le second à Sully. La mise à l'écart de Bellièvre marque pour un temps la fin du poste de chancelier.
- Enfin, le quatrième atout du roi réside dans la présence à ses côtés de son ami et conseiller Sully.

Personnage central de l'administration d'Henri IV, Sully est considéré comme le premier grand ministre de l'histoire de la monarchie française, même s'il ne contrôle que les affaires intérieures. Gentilhomme protestant issu de la petite noblesse du royaume, baron de Rosny, Maximilien de Béthune est, dès sa jeunesse, le compagnon du futur roi et son principal conseiller. Son esprit pratique et pragmatique en fait le principal auteur de la rationalisation de l'État. Regroupant sous ses ordres l'ensemble des surintendances, il soutient également la rationalisation agricole à travers les travaux d'Olivier de Serres (agronome français, 1539-1619). En 1606, il devient duc de Sully. Exclu du pouvoir par Marie de Médicis en 1611, il sera néanmoins élevé au rang de maréchal par le cardinal de Richelieu (ecclésiastique et homme d'État français, 1585-1642), en 1634.

La centralisation administrative

Henri IV et Sully sont à l'origine d'une forte poussée centralisatrice dans tous les domaines de l'État, le but étant de réduire le nombre d'intermédiaires pour des raisons financières, mais aussi de prendre la main sur certains aspects qui échappaient alors à l'autorité centrale. Cet effort de rationalisation s'accompagne d'un grand travail d'enquêtes permettant une meilleure connaissance du royaume, pour entreprendre des réformes plus efficaces. Sully met en place un vaste réseau d'agents répartis sur l'ensemble du territoire. À partir de 1598, il oblige chaque comptable à tenir un registre des recettes et des dépenses, menant à la rédaction en 1607 d'un traité sur les revenus et les finances du royaume.

En parallèle, le roi multiplie la création des surintendances dans le but de regrouper des attributions alors éparpillées. Il met ainsi en place la surintendance des bâtiments, regroupant dans les mains d'un seul agent la gestion de résidences royales jusque-là tenues séparément. Il crée également la surintendance des fortifications, auparavant gérées par quatre secrétaires d'État qui se partageaient géographiquement le territoire. L'ensemble de ces charges est attribué à Sully.

Henri IV tente enfin de développer le système des pays d'élection au détriment des pays d'État, permettant l'établissement d'une fiscalité royale directe. Afin d'éviter l'affrontement, il propose que les pays d'État continuent de voter les impôts et leur répartition, mais que ceux-ci soient prélevés sur le terrain par des officiers royaux. Il ne parvient cependant à instaurer cette mesure qu'en Guyenne (ancienne province, située au Sud-Ouest de la France), en 1603.

LES PAYS D'ÉLECTION *VS* LES PAYS D'ÉTAT

Au XVIe siècle, les pays d'élection sont les provinces faisant partie du royaume depuis le Moyen Âge, dans lesquelles ce sont des officiers royaux qui procèdent à la répartition et au prélèvement des impôts. Les pays d'État représentent au contraire des provinces historiquement indépendantes rattachées récemment à la monarchie, principalement la Guyenne, le Languedoc, la Provence, la Bourgogne et la Bretagne. Celles-ci conservent une certaine autonomie vis-à-vis du pouvoir royal grâce à la tenue d'assemblées provinciales ayant un droit de regard sur l'administration générale et fiscale.

La réorganisation des finances

La grande œuvre du règne d'Henri IV est sans conteste la restauration des finances de l'État. À son avènement, les caisses de la monarchie sont vides du fait d'une mauvaise gestion, du coût de la guerre, de la difficulté du prélèvement de l'impôt et des quelque 32 millions de livres versés officiellement aux princes ligueurs pour obtenir leur ralliement. Il faut ajouter à ceci les montants secrets (sommes offertes officieusement aux ligueurs en échange de leur ralliement).

Henri IV conserve dans un premier temps le surintendant des finances d'Henri III, François d'O (1535-1594). À la mort de celui-ci, il décide de supprimer la surintendance et crée un Conseil composé de huit membres, dans lequel Sully entre en 1596. Suite à la disgrâce de Sancy en 1598, due à l'opposition de celui-ci aux projets de mariage du roi avec sa favorite Gabrielle d'Estrées, Sully prend la tête du Conseil. Il rétablit et organise la surintendance, la structure et en fait le principal département du gouvernement monarchique, centralisant notamment l'affermage des impôts (particulier qui prend à sa charge la collecte de l'impôt sur un territoire donné)en établissant des baux généraux cédés à de puissantes alliances de financiers.

Henri IV et Sully savent qu'ils ne peuvent pressurer davantage les paysans avec l'impôt, alors que ceux-ci ont perdu gros lors des guerres et sont largement endettés. La déclaration royale du 16 mars 1595 interdit de saisir le train de culture, les bêtes et les instruments des laboureurs endettés, et la monarchie renonce en 1596 à la perception de la taille (impôt direct) des années échues, mesure prolongée jusqu'en décembre 1599. En 1600, un édit étend les tailles aux 40 000 exemptés et réduit le poids de l'impôt pour les autres contribuables. Parallèlement, le roi décide la création de la Pancarte, une taxe de 5 % sur les produits de consommation courante. Cet impôt, très mal perçu, est supprimé en 1602.

En 1604, Henri IV décide la création de la Paulette, taxe instituant la vénalité des offices, c'est-à-dire un système dans lequel les charges sont attribuées comme un bien monnayable. Originellement, un office est un don du roi auquel l'officier répond par un « prêt » d'argent qui, dans la pratique, s'avère définitif. L'office reste la propriété du roi, l'officier n'en ayant que l'usufruit. Il revient donc au roi par la mort de son titulaire, par résignation (démission) ou forfaiture (trahison dans l'exercice de ses fonctions). Pour autant, la vénalité des offices existe bel et bien et devient de plus en plus courante au cours du XVIe siècle.

En décembre 1604, par arrêt du Conseil du Roi, Henri IV instaure pour neuf ans un droit annuel fixé au soixantième de la valeur de l'office, en échange duquel l'officier peut transmettre sa charge à son héritier ou en faire commerce. Ce droit annuel prend le nom de « Paulette » en référence au premier fermier (particulier chargé de la collecte des impôts indirects) de cet impôt, le financier Charles Paulet. La valeur des offices est alors fixée selon la dignité, les honneurs et le titre que la charge apporte à son propriétaire, mais aussi selon la fonction et son lieu d'exercice.

Pour la royauté, la mise en place de la Paulette assure des revenus réguliers et sûrs. De plus, cette mesure étant présentée comme provisoire, ses renouvellements successifs sont consentis en échange d'autres concessions financières de la part des officiers, qui font preuve d'un engouement extraordinaire pour ce système. Le roi parvient ainsi à renflouer les caisses de l'État, tout en répondant à une demande formulée depuis longtemps par les nobles.

La construction symbolique du roi absolu

Henri IV accompagne sa politique centralisatrice de la construction de l'image du roi absolu. Par l'édit de Nantes, la religion est renvoyée dans la sphère du privé, laissant un espace vacant. Le roi s'y engouffre pour créer un nouveau culte, celui du monarque, dans une France qui n'est alors qu'une mosaïque de territoires sans unité culturelle ni politique (d'où l'importance de la personne royale comme ciment de l'unité).

LA GESTION DE SON IMAGE

Si Henri IV reçoit l'aide de ses conseillers quant à la gestion de son image, il entend en rester le maître. Avant la pacification du royaume, le roi a déjà en tête ce programme de propagande et son but ultime, la mise en place d'une monarchie absolue. Il écrit à Sully le 8 mars 1594 : « Lorsque je serai roi paisible, nous userons de bons messages dont vous m'avez parlé et vous pouvez vous assurer que je n'épargnerai aucun travail ni ne craindrai aucun péril pour élever ma gloire et mon État en leur plus grande splendeur. » (cité par Joël Cornette dans *L'affirmation de l'État absolu, 1515-1625*, Paris, Hachette, 2000, p. 143)

La propagande henricienne développe trois facettes du roi : le père de famille, le héros mythologique et le refondateur du royaume. Henri IV façonne d'abord l'image du roi protecteur et proche de son peuple, tant dans sa manière d'être que dans sa politique. Ainsi s'adresse-t-il aux parlementaires parisiens le 7 janvier 1599 : « Je viens vous parler [...] vêtu comme un père de famille, en pourpoint, pour parler familièrement à ses enfants. » (cité par Joël Cornette dans *L'affirmation de l'État absolu*, p. 137) De fait, il est souvent représenté le sourire aux lèvres, le regard bienveillant, comme sur le tableau *Henri IV en Hercule écrasant l'Hydre*, peint vers 1600 par Toussaint Dubreuil (peintre du roi, 1561-1602), où le roi offre un visage sans artifice, tourné vers le spectateur et ses sujets dans une attitude de protection.

Henri IV en Hercule écrasant l'Hydre, vers 1600.

Le tableau en question renvoie à une autre facette de la propagande royale, associant Henri IV aux grands héros mythologiques. Le roi y est Hercule, héros de l'Ordre et de la Raison, terrassant la bête infâme, monstre de discorde et de chaos. L'allégorie herculéenne est reprise à de multiples occasions au cours du règne d'Henri IV, notamment lors des

« entrées de villes », ces cérémonies accompagnant l'arrivée du roi dans la cité, la plupart du temps nouvellement conquise, à grand renfort d'allégories et de symboles. Ainsi, lors de son entrée à Abbeville en décembre 1594, un grand tableau ovale le représente en Hercule triomphant de la violence et de la guerre, au sommet d'une montagne escarpée. Par l'identification du roi à Hercule, la propagande insiste aussi sur son immortalité : le roi ne meurt jamais.

Une autre figure mythologique est associée au roi, celle d'Astrée (personnification de la justice dans la mythologie grecque). Ce rapprochement est renforcé par la publication, à partir de 1607, du roman d'Honoré d'Urfé (écrivain français, 1568-1625), *L'Astrée.* En 1610, celui-ci dédicace le deuxième volume à Henri IV, dont il loue la valeur et la prudence qui ont fait de lui le père de la paix en Europe. Astrée, fille de Zeus et de Thémis, fait régner la paix, la justice et l'abondance sur la Terre, avant que la méchanceté des hommes ne la contraigne à remonter au ciel.

Après les désordres du XVIe siècle, Henri IV insiste sur l'image du retour de la paix et de la Raison à la tête de l'État. Il devient un roi providentiel venu sur Terre pour refonder le royaume et guider ses sujets vers un nouvel âge d'or, mettant un terme à la crainte de la punition divine. Henri IV réussit, par le refus de la vengeance, à abattre une chape d'oubli sur les crimes de religion et à apaiser les esprits. Ses sujets exaltent le roi pacificateur placé au-dessus des partis terrestres et adhèrent ainsi à l'idéologie de la royauté éternelle. Il est le premier roi à se faire représenter en majesté dans le style que reprendront ses successeurs, à la fois au naturel et entouré des attributs de sa puissance.

Le triomphe du roi providentiel n'est complet que lorsqu'il se sacrifie pleinement et physiquement pour le bonheur de son peuple. Son assassinat est comme l'apothéose de son œuvre. Tout laisse à penser que le roi pressent et attend sa mort. Malgré plusieurs avertissements, Henri IV ne prend aucune mesure, comme ce 14 mai où il traverse Paris en carrosse sans garde particulière.

RÉPERCUSSIONS

Alors que le règne d'Henri IV avait été marqué par un pouvoir fort et une stabilité au sommet de l'État, les premières années de son successeur, Louis XIII (roi de France, 1601-1643), sont celles d'une forte instabilité.

LA RÉGENCE DE MARIE DE MÉDICIS

Lorsqu'Henri IV est assassiné, la reine se préparait à occuper la régence en l'absence du roi partant en campagne. En prévision de cela, il l'avait fait sacrer à Saint-Denis le 13 mai. Le 15 mai, le parlement proclame Marie de Médicis régente sans limitation de pouvoir, et lui confie la tutelle du jeune roi.

La reine s'empresse de prendre parti pour le clan catholique. Écartant Sully et le duc d'Épernon (gentilhomme français, 1592-1661) dès le début de l'année 1611, elle s'entoure de sa confidente et de son mari, Concino Concini (v. 1575-1617), qu'elle fait amiral et maréchal. En 1612, elle renforce l'alliance avec l'Espagne par la promesse de mariage de Louis XIII avec l'infante Anne d'Autriche (reine de France, 1601-1666). C'en est trop pour les princes de Condé (Henri II de Bourbon, 1588-1646) et le duc de Nevers (1580-1637) qui se retirent de la Cour et lèvent des troupes, réclamant la tenue d'états généraux. Ceux-ci sont convoqués en 1614, sans grand résultat. L'aristocratie d'épée tente d'y rétablir sa prédominance perdue sur la noblesse de robe, alors que le tiers état, par peur du retour des violences, se pose en défenseur de l'absolutisme.

Le 24 avril 1617, le jeune Louis XIII organise l'assassinat de Concini et renvoie les ministres de sa mère.

LA REPRISE DE LA GUERRE

Après la mort d'Henri IV, la Réforme catholique devient particulièrement active, soutenue par nombre d'anciens ligueurs. Ceux-ci se retrouvent dans le parti dévot, front antiprotestant de restauration religieuse et morale, bien décidés à venir à bout de l'édit de Nantes et de la présence des huguenots dans le royaume. Les années 1620 voient ainsi le retour des troubles de Religion. Plusieurs campagnes militaires sont menées, principalement dans le Sud-Ouest et en Languedoc, à partir de 1621. Le 29 octobre 1628, la place de sûreté de La Rochelle, capitale des protestants du royaume, tombe aux mains des catholiques. La paix d'Alès du 29 juin 1629, tout en maintenant l'édit de Nantes, abolit les places de sûreté dont les remparts sont systématiquement détruits, et interdit la tenue d'assemblées politiques. Petit à petit, le texte d'Henri IV est dépouillé de ses attributs, jusqu'à sa révocation définitive par l'édit de Fontainebleau, le 17 octobre 1685.

Dès 1618, la guerre reprend contre l'ennemi Habsbourg, dans un affrontement qui prendra plus tard le nom de guerre de Trente Ans (1618-1648). D'abord conflit religieux entre les princes protestants allemands et le Saint-Empire, il dégénère en guerre européenne avec l'intervention de la France et de la Suède, qui profitent de ce conflit pour tenter de diminuer la puissance des Habsbourg. Louis XIII entend dans un premier temps jouer sur le soutien financier aux princes révoltés, mais face à la résistance du Saint-Empire, Richelieu décide d'intervenir militairement en 1634.

LA POURSUITE DE L'ŒUVRE CENTRALISATRICE

Si l'œuvre d'Henri IV et de Sully est partiellement remise en cause, son héritage demeure, celui d'avoir structuré et organisé le département ministériel des Finances. Après le départ du principal conseiller en 1611, la chancellerie est rétablie et la surintendance temporairement supprimée. Si elle est de retour en 1614, elle connaîtra une grande instabilité jusqu'à la nomination de Colbert (ministre d'État, 1619-1683), en 1661.

La Paulette survit également à la mort d'Henri IV, même si elle est suspendue pour deux ans entre 1618 et 1620. La création d'offices devient dès lors un levier financier pour la monarchie. Entre 1600 et 1633, le produit de leur vente atteint jusqu'à 45 % du total des recettes de l'État ! Pour autant, le roi perd tout contrôle sur ses officiers, notamment les juges, ce qui leur permet de se soulever contre lui à plusieurs reprises, en particulier lors de la Fronde (période de révolte des parlements et des nobles contre la montée en puissance du pouvoir monarchique, 1648-1653). La transformation des pays d'État en pays d'élection est également poursuivie par Louis XIII, avec plus ou moins de succès. Il réussit dans le Dauphiné (1628) mais échoue en Bourgogne (1629-1631), Languedoc (1629-1632) et Provence (1629-1633).

À partir de l'arrivée au pouvoir de Richelieu en 1624, la

centralisation commencée par Henri IV se poursuit, mais avec une philosophie différente. Si le ministre de Louis XIII impose la Raison d'État, il se sert de la guerre comme instrument de reprise en main du pouvoir central. Le roi n'est plus figure paternelle mais chef de guerre. La situation belliqueuse lui permet également de justifier un « tour de vis » fiscal allant à l'inverse des considérations henriciennes quant à la nécessité d'accompagner les sujets en temps de crise économique. En effet, avec le retour des dévastations dues aux affrontements, la réapparition de la peste dès 1626 et la succession de mauvaises récoltes, c'est la fin de la « conjoncture de la poule au pot ».

LA CONSTRUCTION D'UNE LÉGENDE

Dès la mort d'Henri IV, la construction de sa légende est en marche. Marie de Médicis fait élever une statue équestre digne des princes florentins sur le Pont-Neuf, inaugurée le 23 août 1614 en l'absence de la régente et du roi.

Statue équestre du roi Henri IV, par François-Frédéric Lemot (sculpteur néoclassique français, 1772-1827).

Cette statue est, pour le royaume de France, la première représentation royale dans un lieu public. Des biographies se multiplient, vantant les qualités physiques et morales du Navarrais. Mais ce sont surtout les philosophes des Lumières qui font d'Henri IV l'image par excellence du roi tolérant et proche du peuple. Pour autant, il n'est pas épargné par la Révolution (1789-1799), sa dépouille étant profanée le 14 octobre 1793.

Le XIXe siècle complète la légende, en faisant à la fois un héros romantique et un héros national. L'on voit apparaître de nombreuses reliques, ainsi que le berceau en écaille de tortue retournée qui lui aurait appartenu, replacé au château de Pau en 1814 – édifice lui-même restauré par Louis-Philippe (roi des Français, 1773-1850) dans un style néo-Renaissance censé lui rendre son caractère henricien.

UNE IDYLLE AVEC FLEURETTE

Le XIXe siècle fait d'Henri IV le « Vert-Galant », séducteur invétéré, et aime à imaginer qu'il s'amourache en 1572 de Fleurette, la fille de son jardinier, avant de repartir à ses affaires quelques mois plus tard. Ainsi vient de naître l'expression « conter fleurette » !

Henri IV continue d'être célébré au XXe siècle. Le président de la IVe République Vincent Auriol (1884-1966) organise une célébration fastueuse en 1953 pour commémorer la naissance du père de la tolérance, alors que le crâne supposé du roi nourrit tous les fantasmes jusque dans les années 2010.

LE CRÂNE D'HENRI IV

Lorsque l'on replace les dépouilles royales profanées

dans la crypte de Saint-Denis en 1817, trois têtes manquent à l'appel, dont celle, dit-on, d'Henri IV. Un article de 1924 affirme avoir retrouvé le crâne chez un brocanteur. Cependant, les tentatives d'identification de cette relique restent vaines. En 2009, deux journalistes se penchent à nouveau sur le mystère de ce crâne. Ils le retrouvent et le font analyser selon les techniques scientifiques les plus pointues. Là encore, aucune preuve ne permet d'attribuer avec certitude cette tête au premier roi Bourbon.

EN RÉSUMÉ

- Henri voit le jour le 14 décembre 1553 à Pau. Il grandit dans un milieu aisé protestant.
- Le 9 juin 1572, Henri devient roi de Navarre suite à la mort de sa mère. Le 18 août de la même année, il épouse Marguerite de Valois à Paris. Quelques jours plus tard, dans la nuit du 24 au 25 août, les protestants sont massacrés : c'est la Saint-Barthélemy.
- À la mort de François d'Alençon, frère du roi, Henri de Navarre devient l'héritier du trône de France.
- Henri III est assassiné le 2 août 1589. Henri IV devient roi de France. Mais son protestantisme lui rend l'accession au trône plus ardue et cause de grands troubles dans le pays.
- Le 23 juillet 1593, Henri IV se convertit au catholicisme, puis il est sacré le 24 février 1594 à Chartres.
- Henri IV promulgue l'édit de Nantes le 30 avril 1598, qui prône la tolérance religieuse et accorde davantage de libertés aux protestants, suivi deux jours plus tard de la paix de Vervins avec les Espagnols.
- En 1599, Sully devient surintendant des finances.
- En 1604, la création de la Paulette instaure officiellement la vénalité des offices. Henri IV œuvre également à l'unification territoriale et législative du pays ainsi qu'à l'harmonisation juridique des provinces.
- Le 14 mai 1610, Henri IV est assassiné par Ravaillac.

Votre avis nous intéresse !
Laissez un commentaire sur le site de votre librairie en ligne
et partagez vos coups de cœur sur les réseaux sociaux !

POUR ALLER PLUS LOIN

SOURCES BIBLIOGRAPHIQUES

- Barbiche (Bernard), *Les institutions de la monarchie française à l'époque moderne*, Paris, PUF, 2001.
- Bely (Lucien), dir., *Dictionnaire de l'Ancien Régime*, Paris, PUF, 2003.
- Biet (Christian), *Henri IV*, Paris, Larousse, 2000.
- Bresc-Bautier (Geneviève), « Henri au Pont-Neuf », in *insitu.revues.org*, n° 14, 2010, consulté le 18 janvier 2017. http://insitu.revues.org/6971
- Cabourdin (Guy) et Viard (Georges), *Lexique historique de la France d'Ancien Régime*, Paris, Armand Colin, 1998.
- Cornette (Joël), *L'affirmation de l'État absolu, 1515-1625*, Paris, Hachette, 2000.
- Cottret (Monique), *La vie politique en France aux xvie, xviie et xviiie siècles*, Paris, Ophrys, 1991.
- Crouzet (Denis), *Les guerriers de Dieu, la violence au temps des troubles de Religion, vers 1525-vers 1610*, Seyssel, Champ Vallon, 2005.
- Crouzet (Denis), *Dieu en ses royaumes, une histoire des guerres de Religion*, Seyssel, Champ Vallon, 2008.
- Garrisson (Jeannine), *L'édit de Nantes et sa révocation*, Paris, Seuil, 1985.
- Le Roy Ladurie (Emmanuel), *L'État royal : de Louis XI à Henri IV, 1460-1610*, Paris, Hachette, 2003.
- Lignereux (Yann), *Les rois imaginaires, une histoire visuelle de la monarchie de Charles VIII à Louis XIV*, Rennes, PUR, 2016.
- Mourre (Michel), *Dictionnaire encyclopédique d'Histoire*,

Paris, Bordas, 1996.

- MOUSNIER (Roland), *L'assassinat d'Henri IV, 14 mai 1610*, Paris, Gallimard, 2008.
- *henriiv.culture.fr*, consulté le 18 janvier 2017. http://www. henriiv.culture.fr/?version=accessible

SOURCES COMPLÉMENTAIRES

- BABELON (Jean-Pierre), *Henri IV*, Paris, Fayard, 2009.
- BARBICHE (Bernard) et DAINVILLE-BARBICHE (Ségolène de), *Sully*, Paris, Fayard, 1997.
- CASSIN (Michel), *La grande peur de 1610 : les Français et l'assassinat d'Henri IV*, Seyssel, Champ Vallon, 2010.
- CORNETTE (Joël), *Henri IV à Saint-Denis : de l'abjuration à la profanation*, Paris, Belin, 2010.
- DUMONT (Martin), « Coexistences confessionnelles en Europe à l'époque moderne : théories et pratiques, XVIe-XVIIe siècles », in *Actes de la journée d'études de l'IRER à la Maison de la Recherche le 7 avril 2012*, Paris, Éditions du Cerf, 2016.
- FIGEAC (Michel), dir., *Les affrontements religieux en Europe, du début du XVIe siècle au milieu du XVIIe siècle*, Paris, SEDES, 2008.
- GARRISSON (Jeannine), *L'édit de Nantes*, Paris, Fayard, 1998.
- *Henri IV à Fontainebleau : un temps de splendeur*, catalogue de l'exposition tenue au château de Fontainebleau, 7 novembre 2010-28 février 2011, Paris, RMN, 2010.
- JOUANNA (Arlette), *Histoire et dictionnaire des guerres de Religion*, Paris, Robert Laffont, 1998.

- Jouanna (Arlette), *La Saint-Barthélemy, les mystères d'un crime d'État*, Paris, Gallimard, 2007.
- Le Roux (Nicolas), *Un régicide au nom de Dieu : l'assassinat d'Henri III, 1er août 1589*, Paris, Gallimard, 2006.
- Loiseau (Laurent), *Paris d'Henri IV*, Paris, Éditions du Chêne, 2010.
- Nativel (Colette), dir., *Henri IV. Art et pouvoir.* Actes du colloque international « Autour d'Henri IV. Figures du pouvoir, échanges artistiques », Université Paris 1-Panthéon-Sorbonne en collaboration avec le Centre de recherche du château de Versailles et le musée du Louvre, 17-20 novembre 2010, Rennes/Tours, PUR/PUFR, 2016.
- Sully, *Mémoires*, Clermont-Ferrand, Paléo, 2001.
- Waele (Michel de), *Réconcilier les Français : la fin des troubles de religion* (1589-1598), Paris, Hermann, 2015.

FILMS ET DOCUMENTAIRES

- *La Bouquetière des innocents*, film de Jacques Robert avec Simone Vaudry et Lilian Constantini, France, 1922.
- *Le Vert-Galant*, film de René Leprince avec Renée Héribel et Pierre de Guingand, France, 1924.
- *La Reine Margot*, film de Jean Dréville avec Jeanne Moreau et Ceccaldi, France-Italie, 1954.
- *Vive Henri IV, vive l'amour*, film de Claude Autant-Lara avec Francis Claude et Daniel Goubert, France, 1961.
- *La Reine Margot*, film de Patrice Chéreau avec Isabelle Adjani et Daniel Auteuil, France-Allemagne-Italie, 1994.
- *Henri IV*, film de Jo Baier avec Julien Boisselier et Joachim Krol, République Tchèque-France-Espagne-Allemagne,

2011.

- *Le mystère de la tête d'Henri IV*, documentaire réalisé par Stéphane Gabet et Pierre Belet, France, 2011.

BÂTIMENTS COMMÉMORATIFS

- Statue équestre, par François-Frédéric Lemot (sculpteur français, 1772-1827), 1818 ; Pont Neuf (Paris).
- Statue d'Henri IV, par Nicolas Raggi (sculpteur français, 1790-1862), 1818 ; Nérac (Lot-et-Garonne).
- Haut relief équestre d'Henri IV, par Philippe Joseph Henri Lemaire (sculpteur et homme politique français, 1798-1880), 1834-1838 ; placé à l'origine sur le fronton de la porte principale de l'Hôtel de ville de Paris, il est aujourd'hui conservéau musée Carnavalet (Paris).
- Monument de Fleurette, par Daniel Campagne, 1896 ; Nérac (Lot-et-Garonne).

SOURCES ICONOGRAPHIQUES

- Portrait en buste d'Henri IV portant en écharpe la bannière blanche et la croix de l'Ordre du Saint-Esprit, 1622. La photo reproduite est réputée libre de droits.
- Marguerite de Valois, 1572. La photo reproduite est réputée libre de droits.
- Portrait de Ravaillac gravé par Crispin de Passe (graveur néerlandais, 1589-1637), vers 1610. La photo reproduite est réputée libre de droits.
- *Henri IV en Hercule écrasant l'Hydre*, peinture de Toussaint Duteil, vers 1600. La photo reproduite est réputée libre de droits.

- Statue équestre du roi Henri IV. La photo reproduite est réputée libre de droits.